풀의 탄생
문태준 시집

문학동네시인선 232 문태준
풀의 탄생

시인의 말

제주 애월읍 장전리에 산 지 다섯 해가 지났다.
풀밭의 살림을 일궈 풀과 산다.

풀은 연하게 소생하고, 힘줄처럼 억세지고
가을에는 노래를 짓는다.
깡마른 얼굴로 눈보라가 지나가는 걸 본다.
나는 풀 아래에서 일어나고 풀 아래에 눕는다.

풀은 울고, 웃는다.
풀은 어디로부터 와 이 세계를 푸르게 흔드나.

어느 날은 앞이 캄캄한 안개 같고,
어느 날은 막돌 같은 내게
풀이 있으니, 풀이 되었으니
반딧불이 같은
시혼(詩魂)은 날아와 살아라.

2025년 5월
문태준

차례

시인의 말 005

1부 흙속에 이처럼 큰 세계가

작약꽃 피면 012
풀 013
흙속에 이처럼 큰 세계가 014
귤꽃 015
제비는 내게 말하네 016
동근(同根) 017
잎사귀에 여름비가 올 때 018
가을에게 019
뒷집 020
돌 021
무지개 022
귤꽃이 피는 동안 023
멀구슬나무 아래에 024
겨울 정원 025
안간힘을 쓰지 않고 026

2부 첫 여름날을 맞은 해바라기를 두드리러
　　 가자

하일(夏日)	028
막간(幕間) 1	029
막간(幕間) 2	030
여름밤	031
북	032
잘한 일	033
그때 그 자리에	034
오월의 무화과나무 밭에서	035
대서(大暑)	036
만시(晚時)	038
거미집	039
가방	040
양지여인숙 같은 물웅덩이	041
손거울	042
눈보라와 종소리	044

3부 내게 오시려면 물결을 건너주세요

하굴나무에 앉은 새	046
물결 1—도래(渡來)	047
물결 2—섬	048
물결 3—삽목(揷木)	049
물결 4—징소리	050
연못과 거울 이야기	051
단추	052
유월에 보성에 가서	053
여름사람	054
청무	055
흐르는 해무	056
생가(生家)에서	057
그믐밤	058
심곡심산(深谷深山)	059
우리는 이대로 내려 살아라	060
가을날	062
스프링클러	063

4부 반딧불이가 모두 사라진다면

월파(越波)	066
수선화	067
이제 내 옷을 짓지 말아요	068
풀밭	069
귤밭집	070
우치(愚癡) 1—뱀허물을 보고	071
우치(愚癡) 2—산수국 가지를 치다	072
우치(愚癡) 3—나무의자를 만들다	073
두 계절	074
모자	075
큰 눈 오시는 날에	076
그러할 리는 없겠지만 만약에	077
겨울달	078
봄	079
빗돌을 세우며—행방불명인 열한 살 소년에게	080
풀밭	082

해설 | 고요의 풍경   083
    | 홍용희(문학평론가)

1부
흙속에 이처럼 큰 세계가

작약꽃 피면

작약꽃을 기다렸어요
나비와 흙과 무결한 공기와 나는

작약 옆에서
기어 돌며 누우며

관음보살이여
성모여
부르며

작약꽃 피면
그곳에
나의 큰 바다가
맑고 부드러운 전심(全心)이

소금 아끼듯 작약꽃 보면
아픈 몸 곧 나을 듯이
누군가 만날 의욕도 다시 생겨날 듯이

모레에
어쩌면 그보다 일찍
믿음처럼
작약꽃 피면

풀

풀을 뽑으러 와서
풀을 뽑지는 않고

보고 듣는
풀의 춤
풀의 말

이러하나 저러하나
넘치거나 모자라거나
수줍어하며
그러하다는
풀의 춤
풀의 말

기쁜 햇살에게도
반걸음
바람에도
반걸음

풀을 뽑으러 와서
차마 풀을 뽑지는 못하고

흙속에 이처럼 큰 세계가

　오래 묵은 이곳에서는 흙을 들출 때마다 지렁이가 나왔다 문 열고 나오듯이 나와 굼틀거렸다 나는 돌 아래 살던 지렁이는 돌 아래로 돌려보냈다 모란꽃 아래 살던 지렁이는 모란꽃 아래에 묻어주었다 감나무 아래 살던 지렁이는 감나무 뿌리 쪽에 흙으로 덮어주었다 호우가 쏟아지고 내가 돌려보냈던 지렁이들이 다시 흙 위로 나왔을 때에도 이런 곳 저런 곳에, 살던 곳으로 되돌려보냈다 그런데 그럴 때마다 두고 온 내 고향이 눈에 선했다 집터와 화단의 채송화, 우물, 저녁 부엌과 둥근 상, 초와 성냥, 산등성이와 소쩍새가 흙속에 있었다 어질고 마음씨 고운 고모들도 흙속에 살고 있었다 솟아오르려는 빛이 잠겨 있는 수돗물처럼 괴어 있었다 흙속에 이처럼 큰 세계가 있었다

귤꽃

내 몸은 귤꽃만했지
울음도 미성(美聲)을 지녔었지
어머니는 내 배냇저고리를 개켜 옷장 깊숙한 데에 넣어두셨지
언젠가 옷장을 열어 보이며 말씀하셨지
얘야, 이 깨끗한 옷을 잊지 마렴

제비는 내게 말하네

사월이 되어 제비는 그제 내 집에도 돌아왔네
제비는 돌아와서 말하네
당신의 처마를 다시 빌려주세요
제비는 오늘 내게 말하네
처마 아래 목우(木牛)처럼 서 있는 내게 말하네
당신의 부서진 걸 고치세요

동근(同根)

대지가 가물어 사람도 가물어요
나는 대지의 작은 풀꽃
흥얼거리는 실개천
대지에게 먹을 물이 모자라니
나는 암석 같아요

잎사귀에 여름비가 올 때

잎사귀에 빗방울이 떨어지네
나의 여름이 떨어지네

빗방울의 심장이 뛰네
바라춤을 추네
산록(山綠)이 비치네
빗방울 속엔
천둥이 굵은 저음으로 우네
몰랑한 너와 내가 있네

잎사귀는 푸른 지면(紙面)
너에게 여름 편지를 쓰네

가을에게

잘 익은 감 하나를 따서 돌 모서리에 앉아 얇은 껍질을 벗겨가며 씨만 남기고 다 먹었다오

저물녘에는 낙엽들을 쓸면서 알게 되었다오
내가 얼마나 많은 나무들에 둘러싸여 살고 있는지를
그러니 가을이여, 내게 더 많은 당신의 낙엽들을 주오

뒷집

사람 없는 뒷집
빈 마당은
고요가 나던 곳

오늘은 눈발 흩날려

흰 털 새끼 고양이
다섯이
뛰는 듯

움직이는
희색(喜色)

그러나

고요를 못 이겨
눈발이 멎다

돌

집을 비운 사이 우편배달부가 다녀갔나봐요
편지 한 통을 두고 갔는데 편지 위에 작은 돌을 두 개 올려놓고 갔지 뭐예요
흙 묻은 두 개의 돌은 하얀 편지 봉투를 꾹 누르고 있었지요
편지 봉투를 뜯고서 나비처럼 나울나울 날아가려는 당신의 문장을
그저 그것만을 지키려고 요만큼의 돌이 되었노라고 말을 하는 듯했는데요
그래서 그 돌들을 그대로 뒀지 뭐예요
이제 당신의 마음은 조그마한 돌 같은 내 속가슴에 넣어두고 열어보지 않기로 해요

무지개

　소나기가 지나가고 활 같고 낫등 같은 무지개가 여름 하늘에 걸렸습니다 무지개는 측백나무 위에, 널어놓은 내 젖은 비옷 위에, 칸나 위에, 다시 붉은 꽃 주변을 어정거리는 흰나비 위에, 저르렁 울려오는 소읍의 유희와 소음 위에 떠 있습니다 무지개는 한가운데가 높고 양쪽 끝은 여름 과일즙처럼 하늘의 큰 유리컵에 담겼습니다 무지개 아래에는 이층 양옥집이 있고 볼일 보러 사람이 나가고 슈퍼마켓과 세탁소와 식당은 붙어 있습니다 숲은 옹기중기 웅크려 있고 새는 사방으로 흩어지지만 무지개의 궁륭 지붕을 벗어나지 않습니다 나는 언덕길을 따라 한참을 걸어 호른 소리가 들려오는 무지개 아래로 들어갑니다 하늘의 무곡(舞曲)인 무지개는 내가 다 올라설 때까지 나를 기다립니다 웬일인지 오늘의 이 무지개는 높은 언덕 위에 수정(水晶)을 소복이 쌓아놓고선 물러가지 않습니다

귤꽃이 피는 동안

귤밭에
소금 같은 귤꽃이 피어
향기를 나눠주네

돌에게
새에게
무쇠솥 같은 낮에게
밤하늘에
그리고
내 일기(日記) 위에

귤꽃 향기를
마당 빨랫줄에 하얀 천으로 널고
귤꽃 향기를
홑겹 이불로 덮고
요로 깔고

귤꽃 향기처럼
나는
무엇에든
조용하게 은은하게
일어나고

멀구슬나무 아래에

여름 소나비를 피하러 멀구슬나무 아래로 뛰어들어갔네
내 엉킨 숨이 차차 풀리는 것을 되풀이하여 들었네

목소리를 더 낮추고 빗소리를 들었네

놋그릇 같은 내 귀에 빗소리가 그득그득하고 넘쳐
내 말귀는 그대로 곧 어두워져도 좋았네

쏟아지는 비를 피하러 큰 나무 아래에 들어간 지 참 오래 되었지
큰 나무 아래는 충분하게 담담한 곳
멀구슬나무 아래에 옴츠려 앉아 유리알 같은 여름비를 한참 보았네

원색(原色)의 셔츠 차림인 멀구슬나무 너머
신선한 공기를 깨무는 빗방울의 하얀 치아

겨울 정원

마른 넝쿨에 비 오네

목을 빠끔히 내놓으며
비 오네

소한(小寒) 낮전에
무말랭이 같은 비

꼬부라진
내게 오는 비는
헐거워 벗겨지는데

마른 넝쿨은 비를 휘감아
봄여름 땅벌레처럼 살이 오르네

안간힘을 쓰지 않고

눈송이가 하늘에서 천천히 내려오네

안간힘을 쓰지 않고

숨이 참 고르네

손쓸 필요가 없지

여파(餘波)도 없지

누구도 무너지지 않아

저 아래,

벙싯벙싯 웃고 있는 겨울 허공 좀 봐

2부
첫 여름날을 맞은 해바라기를 두드리러 가자

하일(夏日)

부리망을 벗은 소는 풀을 먹다 누웠네
질겅질겅 씹다 남긴 생풀의 숨 냄새
뱀딸기처럼 무른 여름밤
밤안개는 여름밤을 체로 쳐 곱게 내리네

막간(幕間) 1

아침 이슬이 다 마르도록 울더니
밤이슬이 내릴 때 또 우네
아침 귀뚜라미에게 물었더니
밤 귀뚜라미가 울며 말하네

막간(幕間) 2

　큰 눈이 조팝나무 가지를 하얗게 휘어놓은 것을 보았는데 오후에는 눈덩이가 지붕에서 맥없이 떨어지는 소리를 듣네 그새 아내는 터진 내 겨울 내복을 실로 가지런한 치열처럼 꿰매두었네

여름밤

풀벌레가 운다

오늘 이 밤에는
풀벌레 소리가
전경(全景)

내 만면(滿面)에도
풀벌레 소리

한 소리의
언덕
골짜기
한 소리의
여름밤

돗자리로 펴놓고
모기장으로 쳐놓고

거기에
빈 쭉정이 같은
내가
내 그림자가
일렁일렁한다

북

  북을 치러 가자 내성적인 저수지의 수면을 치러 가자 귀룽나무에게 빗방울이 듣게 하자 연하고 어린 잎의 맥박이 뛰게 하자 양동이에 아침해를, 석양을 담아 두드리자 강둑 너머 시내로 산들바람을 밀고 밀자 방자식당 앞에서 북을 치자 남강여관 앞에서도 북을 치자 북소리는 근동 십 리를 간다 북을 치러 가자 북은 속가슴을 친다 북을 치며 오리무중인 너의 얼굴을 보러 가자 너의 담장 아래 첫 여름날을 맞은 해바라기를 두드리러 가자

잘한 일

일어나 밥 먹기 전에
토마토 순에 지지대를 대주었다
부추밭에 물조리개로 물을 뿌려주었다
가지에 북을 도도록하게 돋우었다
우리집 자연에게
싫어할 소리를 하지 않았다

그때 그 자리에

마른 풀을 보고 만질 때에는 나도 핼쑥했다오
나는 흙의 가슴에서 나오는 비명 같은 소리를 들었다오
그래서 튤립 구근을 흙속에 여기에 저기에 묻었소
만리를 다녀오고도 남을 만큼 길고 긴 밤을 기다렸소
그리고 오늘 여기에 저기에 튤립꽃이 피었소
빛의 지팡이로 짚어놓은 듯이 꼭 그때 그 자리에

오월의 무화과나무 밭에서

무화과나무 가지에 넓은 잎들이 달렸네
열매도 엄지만하게 열렸네
작년에 따지 않은 무화과 열매는 쪼그라들어 올해에도 매달려 있네
잎사귀의 그림자는 아랫가지의 푸른 잎사귀 위에 얹히네
바람이 오면 무화과나무는 그늘을 움직이네
이 연한 그늘은 올봄에 새로 생겨난 것이라네
나는 풀 뽑고 돌 캐다 움직이는 그늘 속으로 들어가 땀을 식히네
옛사람인 내 몸에서 무화과 잎사귀 냄새가 나네

대서(大暑)

모시옷을 입은 잠자리가
하얀 깨꽃에 내려앉는
투명한 정오

낮은 너무나 밝아 아득하고
멀고 먼 하늘에선
정으로
돌 쪼는 소리

골목길은 맥이 풀려
겨우 돌아가는데

모퉁이집 김씨네 안방에서
발 친 대청마루로
마당으로
어깨를 들썩이며
흙발로
월컥월컥
흘러나오는
유행가(流行歌)

폭염도
신명도

불끈거리는
힘줄

만시(晩時)

어제
그제
또 그끄저께
매일매일 감을 만져보았네
그러다 오늘
따려고
한 손으로 감싸쥐고
살짝 돌리는데
아니, 언제에?
뒤쪽엔
이미
새가 반 쪼아먹은
늦가을

거미집

거미가 살던 집
내 살던 집
한시잠시
삶이 내게 초연(初演)을 허락했던 곳
나는 섬돌에 앉아 리코더를 불었어
분꽃이 피는 화단도 있었지
그러나 내 집은 운무(雲霧)에 자주 싸였어
헝클어진 실타래 같은 운무
나는 운무를 앓았지
나는 내게 말했어
울지 마, 곧 걷힐 거야
밤의 검은 건반
별의 애조
낮의 어금니 같은 적막
그래도
거기 그대로 둘걸 그랬어
장대로 걷어낸
거미집
내 살던
첫 집

가방

나는 이 가방을 오래 메고 다녔어
가방 속엔
바닷가와 흰 목덜미의 파도
재수록한 시
그날의 마지막 석양빛
이별의 낙수(落水) 소리
백합과 접힌 나비
건강한 해바라기
맞은편에 마른 잎
어제의 귀뜀
나를 부축하던 약속
희락의 첫 눈송이
물풍선 같은 슬픔
오늘은 당신이 메고 가는군
해변을 걸어가는군
가방 속에
파도치는 나를 넣고서

양지여인숙 같은 물웅덩이

생겼다 곧 마르고 말지만
거기에 비치는 것

축축한 가슴과
짧은 비애

거기 우묵한 곳에
가리어진 바닥

장기 투숙하는
생활의
젖은 밑단

밑단이 겹겹 접힌
해변

돌게처럼 살았지

양지여인숙 가는 길에

양지여인숙 같은
물웅덩이

손거울

양지에 쪼그려앉아
손거울로 보내던
빛 덩어리

엄마가
누에 치던 방
깊숙한 데에

들여보내고
또 들여보낸
동그스름한
빛 뭉치

집은,
날마다 집은
까맣고
서글퍼

혼자
짓던,
하얀 고치 같은
빛의 새집

망개잎만한
손거울

눈보라와 종소리

실패에 실을 감듯
오늘 눈보라는 종소리를 칭칭 감네

극락사 종소리 울려올 때
그때마다 새벽 종소리를
손 빠르게
희고 긴 실로
실패에 동여서
이빨로 끊어놓네

눈보라는 이 종소리를 풀고 풀어 어디에 쓰려나
저 절 스님의 장삼(長衫) 해진 소매끝을 기워서 입히려나

눈보라는
내 추운 백지(白紙) 위에
슬쩍 가져다 쓰려는 이 시구(詩句)도
흰 실로 감아놓고 가네

3부
내게 오시려면 물결을 건너주세요

하귤나무에 앉은 새

새야, 새야
너의 노래는 신곡이야
어제와는 다른 노래
멈추지 말아줘
너의 목소리로 번역된
이 새아침
우리 모두의 노래를

물결 1
―도래(渡來)

내게 오시려면 물결을 건너주세요
내 안뜰에 물결
내 앞섶에 물결
두근거리고 뛰는 물결을 건너주세요
잠결에 들은 미열 같은 발소리
오려다 한 걸음 물러서는 물결
백련처럼 피었다 지는 물결
쇠나 돌 앞에 꺼지는 물결
쇠와 돌에게서 일어나는 물결
지붕 위 은하에 낮밤 없이 흐르는 물결

물결 2
―섬

섬을 데려올 수 없으니 섬에게 매일 가는 거예요
해녀인 내 어머니는
우는 구덕을 흔들어주려고

좌불안석의 물결을 어르는
큰 물결 포대기를 두른 어머니

물결 3
—삽목(挿木)

낮의 화초(花草) 가지를 잘라 밤의 검은 땅에 심는다

돋은 눈이 막 터지기 전의 긴 미명(未明)

삼월의 눈은 살쾡이처럼 한 차례 더 찾아오리라

물결 4
―징소리

누구도 들여다보지 않은 샘에
누가 징을 담가두었나
솟는 샘물에 징징 징소리가 들려오네
쇠를 두드리고 두드린 만큼
일고 이는 물결
달큼한 샘물

연못과 거울 이야기

얼굴을 비추어보던 둥근 거울을 연못에 빠뜨려놓았습니다 거울의 테에 파란 이야기의 이끼가 오르고 밤하늘은 빛의 비늘을 입고 꽃이 뻐꾸기처럼 울었습니다 나의 얼굴은 물풀이 되고 거울은 두 계절 전의 연못이 되었습니다

나의 낮과 연못은 당신의 꿈과 거울이 되었습니다

단추

외투의 단추가 떨어지려고 해 세탁소 백양사에 급하게 들렀다 백양사 주인 이종학씨는 세탁소의 물건과 사람과 집이 모두 오십 년이 됐다며 웃었다 미싱은 물려받아서 이십 년을 고쳐 썼다고 했다 요즘 누가 단추를 달고, 꿰매고 앉아 있겠느냐며 자기네 같은 이나 바느질을 한다고 너스레를 놓았다 작은 키에 얼굴에는 잔주름이 많았지만 육쪽마늘처럼 입말의 쪽이 크고 맵고 단단했다 단추가 호로록 날아가고 도망가버리기 전에 미리 잘 왔다는 말에 겸연쩍어 나는 한쪽에 벗어놓은 낡은 골무와 새 실꾸리에 눈이 갔고 괜스레 그걸 한참 동안 바라보았다 내 외투를 날갯죽지 잡듯 잡고서 새의 눈 같은 단추를 달았다

유월에 보성에 가서

보성에 가서 자귀나무 꽃 핀 것을 보았어요
그는 꼭 자귀나무 꽃 같은 사람이었어요
거울을 보면서 웃는 연습을 했다고 했지요
꼬박 두 달 웃는 연습을 했다고 말했지요
보성에 가서 보성강 흰 모래톱을 보았어요
그는 꼭 넓고 큰 모래강변 같은 사람이었어요
이젠 화가 나도 웃음이 이만큼 나온다고 웃었어요

여름사람

 그의 살갗은 매미 울음소리 같은 껍질 그의 목소리는 퍼붓는 억수 같은 음성 입은 옷은 늘어나 헐렁헐렁하고 구멍이 나고 빨아도 빨아도 땀냄새는 다 빠지지 않았지 그는 여름 내내 날마다 밭을 받았어 큰 흙덩이의 거친 밭이었지 저녁이 오면 괭이 같은 발을 씻고, 물외냉국에 찬밥을 말아 뜨고, 여름 모기장 속으로 들어가 한숨을 길게 놓았어 그러곤 홍자색 꽃망울 같은 눈을 꼭 감았지

청무

갈치잡이 배가 짙푸른 바다를 헤치고 헤치며 수평선까지 나아가 가을 밤바다에 집어등을 켰네
밭에서 막 뽑아 무청을 싹둑 잘라 씻은 청무 밑동처럼 알알한 빛이 두 눈에 꽉 들어차네

흐르는 해무

해무가 밀려오는 해변을 걸어가노니
파도 소리만 올 뿐
너도 나도 해무 속으로 들어가
흐르는 해무가 되었으니
우리는 하나의 의문이요
하나의 작은 물방울이요
여기에 저기에
또 저기에
다만 하나의 기미로서
걷히지 않는 해무 속을 살아가노니

생가(生家)에서

마당에는 풀이 거칠고 빼곡해서 발이 들어설 데가 없다
지붕 위에도 풀이 올랐다
외벽은 벌어졌고 구멍이 뚫렸다
방바닥은 무덤 속 골반뼈처럼 남았다
풀씨는 또 날아들고 떨어져
새로운 이름의 풀이 탄생한다

그믐밤

 식민지 시대를 살았던 내 증조할머니는 임시로 쓴 무덤에 몸을 뉘었다고 했다 증조할머니가 돌아가셨을 때 할아버지의 동네 친구들이, 너럭바위 같은 장정들이 맨정신으로는 못해 독한 술을 벌컥벌컥 들이켜고 그믐밤 야밤에 급한 대로 뒷산에 묻었다고 했다 죽어 나가면 묻힌 곳조차 알지 못했던 때라 증조할머니에게 무덤이라도 갖게 해드리려고

 그믐밤의 장정들은 이튿날에 식민지 관리의 목전에서 증조할머니의 빈 행상을 내고
 그러곤 해방이 될 때까지 일절 함구했다고 했다

심곡심산(深谷深山)

 어머니의 어젯밤 꿈에 외할머니와 외할아버지가 보였다고 했다
 돌아가신 외삼촌도 함께 있었다고 했다
 산 깊은 집 아궁이 앞에 둘러앉아 솔가지로 불을 때며
 무슨 말을 나눴는데 알아들을 수는 없었지만
 살아생전 그 차림 그 얼굴이었다고 했다

 저세상에서도 헤어지지 않고 그렇게 모여 살고 계신다면 좋으련만
 옥수수를 찌고 망태기를 엮고 산빛이 푸르게 선 것을 바라보시겠지
 심곡심산이어서 안뒤꼍엔 별똥별이 막돌처럼 굴러내리겠지
 흰 신발을 벗는 듯 봄비는 내리겠지

우리는 이대로 내려 살아라

신앙하듯
눈송이를 보네

내려오는
초행(初行)

눈송이에서
눈사람이 태어날 거야

아랫입술이 생겨나겠지
말문이 트이겠지

저 눈송이의 억양
눈송이의 헛기침
저 눈송이의 리듬

눈송이 열면
사랑의
맑은 볼

우리는
이대로 내려 살아라

흰 빛의
울

가을날

일광세탁소 주인이 배달을 가네
주인은 자전거를 타고 가네
왼손은 자전거 핸들을 잡고
오른손은 세탁한 옷을 들었네
흰색 와이셔츠는 구김이 하나 없네
목둘레 칼라는 팽팽하게 빛나네
바짝 마른 가을볕 아래 커브를 돌 때
억새꽃을 한 묶음 꺾어 가는 줄 알았네

스프링클러

스프링클러가 돈다
물방울을 흩뿌리면서

풀밭의 방아깨비처럼
단숨에
이 띰!

물방울이
첫 꿈이
뿔뿔이
백주(白晝) 속으로
그 띰만큼의
백주 속으로
풋사과처럼
뚝뚝
떨어지더라도

스프링클러가 회전한다
물방울의 생기를 터트리면서

4부
반딧불이가 모두 사라진다면

월파(越波)

오늘 파도는 제방을 넘어서 온다
그러나 집채만한 파도가 언제 넘어올지 알 수가 없다
해변에 사는 우리가 아는 것은
월파가 있다는 것
우리에게 때때로 슬픔이 치런치런 찬다는 것
그리고 머리에 이고 가던 그 물항아리를 떨어뜨리기도 한다는 것

수선화

언 땅에 수선화가 피었어요

살아온 날도 살아갈 날도 과월호 같아서
종잇장 네 귀가 닳아 있지만

수선화 꽃에는 오십 년 전쯤
내 어머니가 어려요

수더분한 얼굴로 앉으시고
머릿수건을 풀어놓으셨으니

물 가운데 깊은 곳에 머무시는 물
흙 가운데 부서지고 부서져서 보드라운 흙

어머니, 꽃이 하도 맑고 하야니
서러운 일은 이제 잊어요

이제 내 옷을 짓지 말아요

어머니, 이제 내 옷을 짓지 말아요
풀잎과 금낭화 꽃을 목마(木馬)와 반달을 여름 하늘의 은빛 비행기를

화려해요, 가을처럼 화려해요
어머니가 지은 옷은

보아요, 많고 많은 옷을
이 옷의 햇살을
햇살의 멜로디를
내 언제 다 입을 수 있을까요

이 옷에 봉우리와 강물과 바다를 담을 수 있어요
어머니, 이제 내 옷을 짓지 말아요

풀밭

봄이면 오빠는 풀밭으로 들어가요
비가 오면 푸른 비옷을 입고 안개가 끼면 안개의 밀짚모자를 써요
풀밭에는 풀과 풀꽃이 많아요
내 오빠도 여러해살이풀
오빠는 풀밭에서 나오지 못하지만
이제 굳이 그럴 필요도 없어요
잠이 들면 오빠는 외가닥 풀벌레 소리를 내요

― **귤밭집**

― 밭에 집을 짓고 사는 그이는 한 가지 옷을 입고 살아 천의 색이 다 바랬네
오래 입고 입어 이제 옷은 빛깔이 없네

우치(愚癡) 1
—뱀허물을 보고

부추를 베러 남새밭에 들어가다 뱀이 벗어놓은 허물을 보고 뒤로 크게 나자빠졌다 한참 얼이 나가 있다 바지에 묻은 흙을 털고 일어서며 이까짓 것 알게 뭐야, 라고 중얼거렸다 뱀허물에 세 군데 굽이가 져 있는 게 눈에 띄었다 뒷걸음질치다 생각건대 어젯밤 꿈에 뱀이 옷 안으로 들어와 내 살갗을 스치는 순간 계절이 돌차간 바뀌어 지나가는 것에 화들짝 놀라 깨었던 일이 있었다 나무 꼬챙이로 뱀의 허물을 들어올려 풀이 뒤엉켜 우거진 곳으로 가 땅속에 묻어주었으나 뱀의 허물 문양 천장화가 있는 시간의 가건물 속에 살고 있는 것이 아닌지 되묻지 않을 수 없었다

우치(愚癡) 2
―산수국 가지를 치다

옆집에 들렀다 산수국 곁가지 자른 것을 보고
서둘러 돌아와 산수국 가지를 쳤다

일을 마쳤을 때에는 마당에 석양이 가득했다
밤하늘에는 산수국 마른 꽃 같은 달무리가 졌다

요행히 산수국 가지 치는 때를 맞췄다

우치(愚癡) 3
—나무의자를 만들다

옆집 사람이 나무의자를 만들어 붓꽃 화단 앞쪽에 내놓 앉기에

걸음을 재촉하며 집에 돌아와
그 나무의자를
그 모양 그대로
마음속에 떠올려
앉아보았다

내 의자는 톱과 못을 쓰지 않고 만든 의자
내 의자는 아롱거리는 아지랑이로 만든 의자

두 계절

둥글넓적한 함지박을 옆구리에 끼고 그 사람은 걸어가네

함지박에는 모종과 물소리와 호미가 담겨 있네

그 사람은 보리밭에서 초당옥수수밭으로 걸어가네

그 사람이 들길을 따라 걸어갈 때 계절이 바뀌네

그 사람은 함지박에 두 계절을 담아가네

모자

그이가 모자를 내 집에 놓고 갔네
나는 아침저녁으로 모자를 보네
모자를 쓰고 집안을 돌아다니기도 하네
날이 갈수록 그이 생각이 간절하네
모자챙에 가려져 있던 서글서글한 눈매
파초 잎 같은 귀
모았다 찬찬하게 움직이던 손
연한 빛깔의 미소
말없이 앉아 있던 뒷모습
나는 오늘도 모자를 보네
가는 선(線)을 잇고 이어 그이의 얼굴을 그리네

큰 눈 오시는 날에

오늘은 눈이 하도 많이 내리시네
나는 종일 대 빗자루로 눈을 쓰네
눈을 쓸다 잠시 눈 그치면
모자와 웃옷에 쌓인 눈을 털고
툇마루에 앉아 숨을 고르네
그러다 눈발이 굵어지면
다시 대 빗자루를 들고 눈을 쓰네
아침부터 해질 때까지 눈을 쓰네
밥 먹는 것 빼곤 눈만 쓰네
찾아오는 사람은 한 사람도 없지만
눈을 쓸어 길을 내네
길 한편엔 눈사람도 앉혀놓네
낸 길은 금방 눈에 덮여 사라지네
대 빗자루는 곧 닳아 없어지겠네

그러할 리는 없겠지만 만약에

반딧불이가 모두 사라진다면
반딧불이의 불빛이 하나도 빠짐없이 다 꺼진다면
싱싱한 수풀은 곧 시들시들해지고
이슬은 쌀쌀맞은 모래알이 되어 내리리
달맞이꽃은 밤의 사랑을 기다리지 않으리
우리는 폐광이 된 얼굴을 알아보지 못해 서로를 외면하리
여름밤의 하늘은 찢어진 우산이 되리
어둠은 결코 깨어나지 못하리

겨울달

　강아지를 데리고 겨울밤 마당에 나가 오줌을 누이고 얼른 문을 닫아 들어오려는데 언 물그릇에 낀 살얼음 같은 흐릿한 달이 튼살을 오들오들 떠는 어린 달빛을 데리고 현관으로 따라 들어선다

봄

노랗고 조그마한 복수초를 보면은
이름이 들어 있지요
아이의 이름을 읽어보아요
엄마의 품에서 폭낭 그늘에서 한라산에서 잃어버린 이름을
목소리를 내어 불러보아요
이름을 안아보고 업어보아요

빗돌을 세우며
―행방불명인 열한 살 소년에게

한라산 설봉(雪峰)으로 날아간 추운 새야

사월이면 옛집 멀구슬나무 가지에 내려앉아

엄마, 엄마 부르며 우는 새야

열한 살 소년아

너의 부서진 몸을 찾을 수 없었으니

산허리가 되고 풀숲이 된 소년아

골짜기 골짜기를 메아리 메아리로 얼마나 헤매었느냐

오늘 빗돌에는 너의 이름과 덧신과 우리들의 합창과 새로운 나라

감은 두 눈을 이제 푸르게 뜨렴

수선화 꽃 같은 소년아

고운 살결에서 귤꽃 향기가 나는 소년아

학교도 다시 가고 봄소풍도 가야지

엄마의 앙가슴을 맴돌며 맴돌며 자란 너를 만나야지

풀밭

바람이 풀밭을 지나간다

말과 글자 없이도 풀밭은 꼭 그 몫만큼의 어떤 전달
올라서더라도 풀밭은 한 층계 놓기 전 턱이 없는 올라섬

앞이 없고 뒤도 없는 풀밭 길을 바람이 지나간다
조랑말의 잔등을 쓰다듬듯이

어린 조랑말 한 마리가 풀밭을 온다

해설

고요의 풍경
홍용희(문학평론가)

문태준의 고유한 창작 방법론은 자연과의 협업이다. 그의 시집들은 소리를 크게 내지 않고도 "다시 봄이 돌아오"(「다시 봄이 돌아오니」, 『내가 사모하는 일에 무슨 끝이 있나요』, 문학동네, 2018)게 하고 사람의 마음을 오랫동안 머물게 한다. 그의 시적 삶의 시간 속에서는 "산맥이 일어서"(같은 시)고 "꽃들"이 "숨을 쉬려고" "피어나"(「꽃의 비밀」, 같은 책)기도 한다. 그는 세계를 조립하고 팽창시키는 인공의 세태 저편에서, 자연과 협업을 통해 시원의 숨결을 불러오고 있었던 것이다.

문태준의 아홉번째 시집 『풀의 탄생』은 고요의 기운이 주조를 이룬다. 이번 시집의 탄생은 고요가 한 일에 해당한다. 고요의 미적 존재성과 리듬감이 이 시집의 중심음을 형성하고 있다. 그렇다면 고요의 존재성과 질서란 과연 무엇일까? 고요는 실체가 없다. 그러나 단순한 '없음'에 그치는 것이 아니라, '있음의 없음', 이를테면 '활동하는 무(無)'에 해당한다. 물론 이때, '무'의 활동은 의도나 분별이 없다. 그저 그러하니 그러한, 자연의 순환 리듬을 따를 뿐이다.

다음 시편은 이번 시집의 중심음에 해당하는 고요가 생성되고 활동하는 모습을 고졸하게 보여준다.

    사람 없는 뒷집
    빈 마당은
    고요가 나던 곳

오늘은 눈발 흩날려

흰 털 새끼 고양이
다섯이
뛰는 듯

움직이는
희색(喜色)

그러나

고요를 못 이겨
눈발이 멎다

—「뒷집」 전문

"고요"는 "사람 없는 뒷집/ 빈 마당"에서 태어난다. 있음이 아니라 '없음', 채움이 아니라 비움의 공간이 "고요"가 "나"는 곳이다. 여기에서 '없음'과 비움이란 무엇일까? 그것은 있음과 채움의 근원이며 동시에 귀결점이다. 모든 있음은 '없음'에서 태어나서 다시 '없음'으로 돌아가지 않는가. "고요가 나던 곳"에 "오늘은 눈발 흩날"리고 있다. "눈발"은 "새끼 고양이/ 다섯이/ 뛰는 듯" 부산스럽고 종종하다. "그러나"

"눈발"은 "멎"는다. "눈발"의 흩날림으로 분주하던 공간이 다시 "뒷집"의 공허로 돌아간다. 그렇다면, 눈발의 부산스러움을 그치게 한 힘은 무엇인가? 그것은 "고요"이다. "고요를 못 이겨/ 눈발이 멎"게 된 것이다. 마치 장마철의 흙탕물이 고요의 힘에 의해 다시 맑아지는 이치와 같다.

그렇다면, 시적 화자는 어떻게 이처럼 "고요"가 하는 일을 직시하고 감상할 수 있었을까? 이것은 문태준의 시적 삶의 자세와 깊이 연관된다.

여름 소나기를 피하러 멀구슬나무 아래로 뛰어들어갔네
내 엉킨 숨이 차차 풀리는 것을 되풀이하여 들었네

목소리를 더 낮추고 빗소리를 들었네

놋그릇 같은 내 귀에 빗소리가 그득그득하고 넘쳐
내 말귀는 그대로 곧 어두워져도 좋았네

쏟아지는 비를 피하러 큰 나무 아래에 들어간 지 참 오래되었지
큰 나무 아래는 충분하게 담담한 곳
멀구슬나무 아래에 옴츠려 앉아 유리알 같은 여름비를 한참 보았네

원색(原色)의 셔츠 차림인 멀구슬나무 너머
　신선한 공기를 깨무는 빗방울의 하얀 치아
　　　　　　　　　　　―「멀구슬나무 아래에」 전문

　시적 화자가 "멀구슬나무"를 보고 듣고 느끼는 감각을 고스란히 만날 수 있다. "소낙비를 피하러" 들어간 "멀구슬나무 아래"에서 "목소리를 더 낮"추고 "엉킨 숨"을 푼다. 이때 "내 귀"는 "놋그릇"처럼 된다. 나의 "말과 글자"(「풀밭」)를 지워가면서 "멀구슬나무"의 말과 글자를 마음껏 듣고 보고 교감하게 된다. "큰 나무 아래"의 "충분하게 담담한" 분위기 속에서 "유리알 같은 여름비"를 또렷이 본다. "여름비"는 "하얀 치아"로 "신선한 공기"를 깨문다.
　이처럼 눈과 귀가 열리기 위해선, 먼저 스스로 자신의 "목소리를 더 낮추고" "말귀"를 어둡게 해야 한다. 이는 동양의 현자 노자의 가르침 "비움을 극진히 하고 고요함을 견고하게 하면, 만물이 저마다 번성하다가 다시 본모습으로 돌아가는 것을 본다(致虛極 守靜篤 萬物竝作 吾以觀復)"(『도덕경』 16장)는 문장을 떠올리게 한다. 스스로 비우고 고요할 때 사물의 진면목을 제대로 보고 들을 수 있다는 것이다.
　다음 시편은 시적 화자 스스로 비움과 고요를 지향하는 과정을 수행의 차원으로 그려 보이고 있어 주목된다.

　　오늘은 눈이 하도 많이 내리시네

나는 종일 대 빗자루로 눈을 쓰네
눈을 쓸다 잠시 눈 그치면
모자와 웃옷에 쌓인 눈을 털고
툇마루에 앉아 숨을 고르네
그러다 눈발이 굵어지면
다시 대 빗자루를 들고 눈을 쓰네
아침부터 해질 때까지 눈을 쓰네
밥 먹는 것 빼곤 눈만 쓰네
찾아오는 사람은 한 사람도 없지만
눈을 쓸어 길을 내네
길 한편엔 눈사람도 앉혀놓네
낸 길은 금방 눈에 덮여 사라지네
대 빗자루는 곧 닳아 없어지겠네
— 「큰 눈 오시는 날에」 전문

　제목이 '큰 눈 오시는 날에'다. '눈'이 단순한 자연현상이 아니라 지상으로 내려오는 천상의 존재인 것이다. "눈이 하도 많이 내리시"고 "나는 종일 대 빗자루로 눈을" 쓴다. 여기에서 종일 "눈"을 쓰는 것은 눈을 치우는 것과는 무관해 보인다. 오히려 하늘에서 하강하는 신성한 존재를 맞이하는 것으로 해석된다. 그래서 "잠시 눈 그치면" "숨을 고르"고 "눈발이 굵어지면/ 다시 대 빗자루를 들고 눈을" 쓴다는 반복되는 장면은 하늘과의 조응이자 자기 수행으로 읽힌다. "찾아오는 사람은 한 사람도 없지만/ 눈을 쓸어 길을" 낸다. 이 때의 "길"은 이미 사람을 위한 일상의 길이 아니라 하늘과 땅을 잇는 성스러운 통로이다. 지상과 천상, 세속과 신성이 아득히 만나는 "길"인 것이다. 마침내 "대 빗자루"가 "닳아 없어"지면 시적 화자의 수행은 비움과 고요의 극치와 견고함(致虛極 守靜篤)에 이르게 되리라. 이때 그에게는 '큰 눈 오시는' 섭리도 좀더 가까이에서 느껴질 것이다.

   다음 시편은 바로 "눈송이가 하늘에서" 내려오는 질서를 소박한 어법으로 그리고 있다.

     눈송이가 하늘에서 천천히 내려오네

     안간힘을 쓰지 않고

     숨이 참 고르네

     손쓸 필요가 없지

     여파(餘波)도 없지

     누구도 무너지지 않아

     저 아래,

벙싯벙싯 웃고 있는 겨울 허공 좀 봐
—「안간힘을 쓰지 않고」전문

　시상의 중심점은 마지막 행의 "허공"이다. "허공"의 작용이 시상의 순차적 흐름을 끌어가고 있다. "눈송이가 하늘에서 천천히 내려오"고 있다. "숨이" "참"으로 고른 리듬이다. 시적 정황과 호흡 역시 고즈넉하다. 이러한 "눈"의 선율에는 "누구도 무너지지 않"는다. 모두가 어우러지는 조화로움이다. 이것은 "안간힘을 쓰"는 인위와 대별된다. "손쓸 필요가 없"기도 하지만 손을 쓰는 것이 오히려 해롭다. 아무것도 하지 않지만 정작 하지 않음이 없는, 무위이화(無爲而化)이다. 그렇다면 이러한 무위이화를 관장하는 주체는 무엇일까? 그것은 마지막 행에 등장하는 "벙싯벙싯 웃고 있는 겨울 허공"이다. 물론 "허공"은 아무것도 없는 텅 빈 고요의 공간이다. 텅 빈 고요의 "허공"이 어떻게 시상의 흐름을 낳고 있었을까? 이러한 질문에 대해 노자는 이미 다음과 같은 일깨움을 남긴 바 있다. "하늘과 땅 사이란 속이 텅 빈 풀무와 같아서 다함이 없이 할 수 있다(天地之間 其猶橐籥乎 虛而不屈)."(『도덕경』5장) 허공은 텅 비어 있기 때문에 오히려 모든 것을 할 수 있는 공간이라는 것이다. 그래서 허공은 무위이화의 주체이다. 물론 이때의 허공은 절대 없음이 아니라 만물의 생명력의 근원에 해당하는 지극한 기운(至

氣)으로 가득찬 없음이다.

 이렇게 보면, 무위이화는 지극한 기운의 활동운화(活動運化)로 요약된다. 이에 대한 좀더 깊고 구체적인 해명은 자신이 창시한 동학에 대해 직접 무위이화(吾道 無爲而化矣)라고 운위한 수운 최제우의 가르침이 누구보다 명료하다. 그에 따르면, 무위이화는 동학 주문의 맨 앞에 등장하는 지기(至氣), 즉 텅 비어 있으나 영성스러운 생명력의 창창한 약동으로서, "모든 일에 간섭하지 않음이 없고, 명령하지 않음이 없으나, 모양이 있는 것 같아도 형상하기 어렵고, 들리는 듯해도 보기가 어려운 혼원한 큰 기운(虛靈蒼蒼 無事不涉 無事不命 然而如形而難狀 如聞而難見 是亦渾元之一氣也)"(「논학문」, 『동경대전』)의 작용이다. 이 '지기'야말로 만물의 생명력과 생성력의 근원인 것이다. 결국 무위이화는 생명의 원천이 끊임없이 생명을 낳는 원리, 즉 생생지리(生生之理)라 할 수 있다. 이렇게 볼 때, '허공'은 무위이화를 통해 사물을 사물답게 생성해나가는 주체로 작용한다.

 다음 시편은 이 점을 "막간(幕間)"의 미의식을 통해 드러내고 있다.

 큰 눈이 조팝나무 가지를 하얗게 휘어놓은 것을 보았는데
 오후에는 눈덩이가 지붕에서 맥없이 떨어지는 소리를 듣네

그새 아내는 터진 내 겨울 내복을 실로 가지런한 치열
　처럼 꿰매두었네
　　　　　　　　　　　　　—「막간(幕間) 2」전문

　시적 주체는 "막간"이다. 물론 "막간"은 고요만이 머무르는 텅 빈 허공의 일종이다. 시적 화자는 바로 이 "막간"이 하는 무위의 작용들을 응시하고 있을 따름이다. 물론 이처럼 "막간"의 작용을 감지할 수 있는 것은 시적 화자 스스로 비움과 고요를 견지하고 있기 때문이다.
　1행과 2행 사이에는 오전에서 오후에 이르는 "막간"의 공백이 가로놓여 있다. "조팝나무 가지를 하얗게 휘어놓은" "큰 눈이" "막간"에 의해 "눈덩이가" 되어 "지붕에서 맥없이 떨어지는 소리"로 울려퍼지고 있다. 눈 내린 풍광을 보고 듣는 사이에 "아내는" "내 겨울 내복을" "치열처럼 꿰" 맨다. 이 모든 것이 "안간힘을 쓰지 않"(「안간힘을 쓰지 않고」)는 무위이화 속에서 이루어진다. 시상의 행과 행 사이의 "막간"이 모든 존재를 존재답게 하는 자기 조직화 운동을 전개한 것이다.
　한편, 다음 시편은 "막간"에 상응하는 텅 빈 고요가 "풀"을 "탄생"시키는 과정을 실감 있게 보여주고 있다.

　　마당에는 풀이 거칠고 빼곡해서 발이 들어설 데가 없다
　　지붕 위에도 풀이 올랐다

외벽은 벌어졌고 구멍이 뚫렸다
방바닥은 무덤 속 골반뼈처럼 남았다
풀씨는 또 날아들고 떨어져
새로운 이름의 풀이 탄생한다
—「생가(生家)에서」 전문

고요가 시적 정황을 지배하고 있다. '생가(生家)'가 사람이 없는 빈집이기 때문이다. "마당"은 물론 "지붕 위에도" "풀"이 자란다. "외벽은 벌어"지고 "방바닥은" "골반뼈처럼" 앙상해져간다. 모두가 저절로 이루어지는 무위의 과정이다. 어디에선가 "풀씨는 또 날아"든다. 이제 '새로운 풀이 탄생'한다. "눈송이가 하늘에서 천천히 내려오"듯이, "숨이 참 고르"(「안간힘을 쓰지 않고」)게 전개된다. '새로운 풀'은 이처럼 아득한 허공의 고요와 무위의 우주율이 생성시킨 결정체이다. 그래서 "풀을 뽑으러 와서"도 "차마 풀을 뽑지는 못"한다. "풀" 한 포기에도 우주적 무한이 숨쉬고 있다.

풀을 뽑으러 와서
풀을 뽑지는 않고

보고 듣는
풀의 춤
풀의 말

이러하나 저러하나
넘치거나 모자라거나
수줍어하며
그러하다는
풀의 춤
풀의 말

기쁜 햇살에게도
반걸음
바람에도
반걸음

풀을 뽑으러 와서
차마 풀을 뽑지는 못하고
―「풀」전문

"풀을 뽑으러 와서/ 차마 풀을 뽑지는 못하고" 있다. "풀의 춤"을 보고 "풀의 말"을 듣는 데 열중한다. 마치 바다의 작은 물결 하나까지도 해와 달의 움직임을 기본축으로 하는 거대한 바다의 리듬과 공명하는 관계성 속에서 전개되듯이, "풀의 춤/ 풀의 말" 역시 우주적 춤과 말과의 연속성 속에서 전개된다. 그래서 "풀의 춤/ 풀의 말"에는 우주의 춤과 말의 비경과 비의가 내재되어 있다. 그렇다면, 그 비경과 비의의 양상은 어떻게 드러날까? 그것은 "이러하나 저러하나/ 넘치거나 모자라거나/ 수줍어하며/ 그러하다는" 규정하기도 설명하기도 어렵지만 그러나 분명 존재하는 정황 담론으로만 표현할 수밖에 없다. 이것은 앞서 언급한 '모양이 있는 것 같아도 형상하기 어렵고, 들리는 듯해도 보기가 어려운 혼원한 큰 기운'의 활동에 해당하는 무위이화이기 때문이다.

  여기에 이르면, "풀을 뽑으러 와서/ 차마 풀을 뽑지는 못하고" "기쁜 햇살에게도/ 반걸음/ 바람에게도/ 반걸음"씩 움직이는 시적 화자의 조심스럽고 경건한 태도를 짐작할 수 있다. "풀" 한 포기의 지기(至氣)에 대한 겸허한 공경이며 경이이다.

  물론 이러한 "풀"의 존재성은 "작약꽃"의 경우에도 다르지 않다. "작약꽃" 역시 지극한 기운(至氣), 즉 생명의 혼돈한 기운(渾元之一氣)에 뿌리를 두고 있기 때문이다.

    작약꽃 피면
    그곳에
    나의 큰 바다가
    맑고 부드러운 전심(全心)이

    소금 아끼듯 작약꽃 보면

아픈 몸 곧 나을 듯이
누군가 만날 의욕도 다시 생겨날 듯이

모레에
어쩌면 그보다 일찍
믿음처럼
작약꽃 피면

―「작약꽃 피면」 부분

"작약꽃 피면/ 그곳에"서 "나의 큰 바다"와 "맑고 부드러운 전심(全心)"을 만날 수 있다. 모든 존재자는 우주적 관계성의 생생지리 속에서 탄생하기 때문이다. "작약꽃 보면/ 아픈 몸 곧 나을 듯"하고 "누군가 만날 의욕도 다시 생겨날 듯"한 생기가 느껴지는 까닭도 여기에 있다. "소금 아끼듯 작약꽃"을 보면서 "모레에/ 어쩌면 그보다 일찍/ 믿음처럼/ 작약꽃 피"길 바라는 마음은 시적 화자의 생명의 근원에 대한 경외와 공경의 태도를 잘 보여준다.

이처럼 모든 생명이 혼원지일기(渾原之一氣)로 드러나는 지기에서 비롯된다는 인식은, 삼라만상이 '동근(同根)'이라는 생명 공동체적 세계관으로 이어진다.

대지가 가물어 사람도 가물어요
나는 대지의 작은 풀꽃

홍얼거리는 실개천
대지에게 먹을 물이 모자라니
나는 암석 같아요
―「동근(同根)」 전문

"대지"와 "사람"은 근원 동일성을 지닌다. 그래서 "대지"가 "가물"면 "사람도" "가물"다. 근원의 연속성을 지니는 '동근'이기 때문이다. '동근'은 또한 현상적으로 다르면서도 본질적으로는 동귀일체(同歸一體)의 연속성을 지닌다. 마치, "빗방울 속엔/ 천둥이 굵은 저음으로 우"(「잎사귀에 여름비가 올 때」)는 것과 같은 원리이다.

한편, 다음 시편은 "흙의 가슴에서 나오는 비명"과 공명하는 모습을 드러내고 있어 주목된다.

마른 풀을 보고 만질 때에는 나도 핼쑥했다오
나는 흙의 가슴에서 나오는 비명 같은 소리를 들었다오
그래서 튤립 구근을 흙속에 여기에 저기에 묻었소
만리를 다녀오고도 남을 만큼 길고 긴 밤을 기다렸소
그리고 오늘 여기에 저기에 튤립꽃이 피었소
빛의 지팡이로 짚어놓은 듯이 꼭 그때 그 자리에
―「그때 그 자리에」 전문

친숙한 대화체의 화법 속에 "풀"과 "흙"이 모두 깊은 교

감과 연대의 대상으로 등장한다. "마른 풀을 보고 만질 때에는 나도" "마른 풀"처럼 "핼쑥"했다. "풀"과 "나"가 동기감응(同氣感應)의 공동체적 대상이다. "나는 흙의 가슴에서 나오는 비명 같은 소리를" 듣는다. 하늘과 땅이 모두 부모이며 형제 같은 동질적인 관계성을 지닌다.

 동학의 2대 교주 해월 최시형의 다음과 같은 일화를 떠올리게 하는 대목이다. 그는 어느 날 "한가히 있을 때에 아이의 나막신 소리에 땅이 울리는 소리를 듣고 가슴을 어루만지며, 땅을 어머니 살갗처럼 대하라(余閑居時一小我着 而趨前 其聲鳴地 驚起撫胸曰「其兒 聲我胸痛矣」惜地如母之肌膚)"(「성경신(誠敬信)」, 『해월신사법설』)고 일렀다. 그는 "천지만물이 혼원한 큰 기운에서 비롯되었으니 한 걸음이라도 가볍게 걸을 수 없다(宇宙間 充滿者 都是渾元之一氣也 一步足不敢輕擧也)"는 것을 몸의 감각으로 느낀 것이다.

 시적 화자 역시 "흙의 가슴에서 나오는 비명 같은 소리"를 들은 이후 "튤립 구근"을 "흙속에 여기에 저기에 묻"는다. 그리고 "긴 밤을 기다"린다. 마치 "만 리를 다녀오고도 남을 만큼" 간곡하게 느껴지는 기다림이다. 가장 가까운 부모와 형제를 기다리는 간절함이다. "마른 풀"을 대신하여 "여기에 저기에 튤립꽃이 피"어났다. "흙속에 이처럼 큰 세계가"(「흙속에 이처럼 큰 세계가」) 있었던 것이다. "풀-흙-화자-튤립꽃" 등이 서로 연속성을 지닌 우주적 생명 공동체이다.

문태준의 이번 시집은 이처럼 삼라만상은 '동근(同根)'의 공동체이며, '동근'의 무위이화 과정임을 도처에서 노래한다.

①
풀벌레가 운다

오늘 이 밤에는
풀벌레 소리가
전경(全景)

내 만면(滿面)에도
풀벌레 소리
―「여름밤」부분

②
보성에 가서 보성강 흰 모래톱을 보았어요
그는 꼭 넓고 큰 모래강변 같은 사람이었어요
이젠 화가 나도 웃음이 이만큼 나온다고 웃었어요
―「유월에 보성에 가서」부분

③
귤밭에

소금 같은 귤꽃이 피어
향기를 나눠주네

돌에게
새에게
무쇠솥 같은 낮에게
밤하늘에
그리고
내 일기(日記) 위에
　　　　　　　―「귤꽃이 피는 동안」부분

　시 ①은 "풀벌레" 소리가 "내 만면(滿面)"으로 번지고 있다. "내 만면(滿面)"은 "풀벌레"와의 관계성 속에서 형성된다. "풀벌레"와 나는 서로 다른 둘이 아니라 함께하는 연속체이다. 시 ②는 "보성강 모래톱"을 닮은 "보성"에 사는 사람의 표정과 성격을 흥미롭게 개진하고 있다. 자연의 풍수가 사람의 표정과 성정으로 스며들고 있다. 시 ③은 "귤밭"의 "귤꽃" "향기"가 "돌에게/ 새에게" "낮에게/ 밤하늘에" "그리고/ 내 일기(日記) 위"로 확산되고 있다. "귤꽃" "향기"의 진동이 "지붕 위 은하에 낮밤 없이 흐르는 물결"(「물결 1―도래(渡來)」)처럼 흘러 우주 전체와 연결되는 통로로 확산되고 있는 형상이다.
　이처럼 모든 존재자가 거대한 그물처럼 서로 교섭하고 반

사하고 반영하며 우주 전체와 연결되어가는 과정을 문태준의 시는 보여준다. 이것은 또한 앞에서 살펴본 노자의 지적처럼 만물이 번성하고 그 본래의 모습으로 돌아가는(萬物竝作 吾以觀復) 과정과 상응한다. 문태준은 스스로 비움과 고요를 견지하여(致虛極 守靜篤) 우주 생명의 진경을 보고 듣고 노래하고 있는 것이다. 그의 시세계를 감상하는 것은 그가 초대하는 겸허한 고요의 세계로 진입하는 것이다. 그가 펼쳐 보이는 고요의 세계는 우리의 눈과 귀를 틔워주고, 자연의 비경 속에서 어느덧 우리의 본모습과 마주하게 한다. 참으로 아름답고도 풍요롭고 경이로운 세계이다.

문태준 1994년 『문예중앙』 신인문학상을 통해 등단했다. 시집 『수런거리는 뒤란』 『맨발』 『가재미』 『그늘의 발달』 『먼 곳』 『우리들의 마지막 얼굴』 『내가 사모하는 일에 무슨 끝이 있나요』 『아침은 생각한다』, 산문집 『느림보 마음』 『바람이 불면 바람이 부는 나무가 되지요』 『나는 첫 문장을 기다렸다』 등이 있다. 노작문학상, 소월시문학상, 목월문학상, 정지용문학상, 박인환상, 무산문화대상 등을 수상했다.

문학동네시인선 232
풀의 탄생
ⓒ 문태준 2025

초판 인쇄 2025년 5월 16일
초판 발행 2025년 5월 28일

지은이 | 문태준
책임편집 | 김봉곤 편집 | 최예림
디자인 | 수류산방(樹流山房) 본문 디자인 | 이주영
저작권 | 박지영 형소진 오서영 조경은
마케팅 | 정민호 서지화 한민아 이민경 왕지경 정유진 정경주 김수인
김혜원 김예진 나현후 이서진
브랜딩 | 함유지 박민재 이송이 김희숙 박다솔 조다현 김하연 이준희
제작 | 강신은 김동욱 이순호
제작처 | 영신사

펴낸곳 | (주)문학동네
펴낸이 | 김소영
출판등록 | 1993년 10월 22일 제2003-000045호
주소 | 10881 경기도 파주시 회동길 210
전자우편 | editor@munhak.com
대표전화 | 031) 955-8888 팩스 | 031) 955-8855
문학동네카페 | http://cafe.naver.com/mhdn
인스타그램 | @munhakdongne 트위터 | @munhakdongne
북클럽문학동네 | http://bookclubmunhak.com

ISBN 979-11-416-0206-2 03810

* 이 책의 판권은 지은이와 문학동네에 있습니다. 이 책 내용의 전부 또는 일부를 재사용
하려면 반드시 양측의 서면 동의를 받아야 합니다.

잘못된 책은 구입하신 서점에서 교환해드립니다.
기타 교환 문의: 031) 955-2661, 3580

www.munhak.com

문학동네